COSTA RICA
COSTA RICA
COSTA RICA

ESTHER KINSKY

Der Käptn und die Mimi Kätt

Ein Wintermärchen

Illustriert von Gerda Raidt

Insel Verlag

Insel-Bücherei Nr. 2050

Der Käptn und die Mimi Kätt

Einmal gab es einen ganz besonders schönen Winter. Tagelang schneite es. Die Hausmeister schippten und schippten Schnee und wussten nicht mehr wohin damit. Da zogen die Hausmeister ihre Mützen und Hausmeisterkittel ab und warfen sie vor Verdruss über das viele Schneeschippen in die Ecke. Sie packten ihre Köfferchen und fuhren einfach mit der S-Bahn an den Stadtrand zu ihrer Mutter oder Oma. Dort legten sie sich ins Bett, klemmten sich eine Wärmflasche zwischen die Füße, zogen sich die Decke über die Ohren und schliefen ein. Sie wachten nur auf, wenn es aus der Küche nach Kartoffelpuffern roch oder nach Lebkuchen.

Die Schneeräumer brumselten über die Straßen und warfen den Schnee an den Straßenrand, wo er kleine Hügelketten bildete. Die Leute fuhren auf Skiern zur Arbeit, die Kinder rodelten in die Schule, und überall standen Schneemänner.

In einer kleinen, ganz kleinen Wohnung so ungefähr zwischen Keller und Erdgeschoss saß eine Katze namens Mimi Kätt und war ein bisschen unzufrieden wegen des vielen Schnees. Die Mimi Kätt liebte Schnee zwar ganz besonders, aber sie saß auch gerne an ihrem Fenster und schaute hinaus. Wenn kein Schnee lag, blickte sie auf ein paar Grasbüschel, einen Baumstamm und ein Stück Straße. Hinter der Straße wuchs Gebüsch, und dahinter – dahinter floss der Landwehrkanal, und den hatte die Mimi Kätt sehr gern.

Die Mimi Kätt lebte schon lange in dieser Straße, jedenfalls solange man sich ringsum erinnern konnte. Demnach war die Mimi Kätt ziemlich alt. Und außerdem war sie schneeweiß und unheimlich klug.

Die Mimi Kätt hatte schon viele Schneewinter erlebt. Dann saß sie am Fenster und betrachtete die beschneiten Grasbüschel, die weiße Straße, die dünne Schneeschicht, die der Wind an den Baumstamm und die Zweige des Gebüschs geblasen hatte, und das verschneite Eis auf dem zugefrorenen Landwehrkanal. Dazu summte sie gerne ein Liedchen vor sich hin und sang auch manchmal dazu:

Hier sitz ich ganz alleine,
hier sitz ich ganz alleine,
hier sitz ich gerne und schau zum Kana-hal,
denke an die alten Zeiten,
an die alten Zeiten.

Doch in diesem Winter sah sie vor allem den Schnee, der ihr Fenster zur Hälfte verdeckte und ganz grau aussah. Und nicht genug damit – es war auch noch etwas Ungeheuerliches geschehen: Ein Hund hatte seinen Haufen genau, wirklich ganz genau vor das Fenster der Mimi Kätt gepflanzt. Die Mimi Kätt wusste genau, wer es gewesen war, nämlich dieser besonders fiese schneematschbraune Mops aus der Friedelstraße oder sein schwarzer ebenso fieser Kumpel. Das konnte die Mimi Kätt genau an dem Haufen erkennen. Jeden Tag kam Frau Hicksbein mit den Möpsen an ihrem Fenster vorbeigetrampelt, dass die Wände wackelten.

Die Mimi Kätt entrüstete sich, wie sie es schon lange nicht mehr getan hatte. ›Was tun? Was tun?‹, dachte sie, und dann ging sie hinaus, denn, unheimlich klug wie sie war, hatte sie sehr schnell eingesehen: Wenn sie etwas von der Welt draußen mitbekommen wollte, blieb ihr nichts anderes übrig, als hinauszugehen.

Schneeweiß wie sie war, ging die Mimi Kätt am Kanal spazieren. Sie sah den Grünhalsenten zu, die an der Kottbusser Brücke zwischen den Eisschollen schwammen und ab und zu die Köpfe ins eiskalte Wasser tauchten. Die Mimi Kätt schüttelte sich bei dem bloßen Anblick.

Sie wanderte zwischen den Marktständen am Maybachufer umher, wo die Markthändler mit den Füßen stapften, sich mit den Armen gegen die Rippen schlugen und den Maroniverkäufer beneideten, denn der hatte es gut an seinem heißen Blech und der Glut. Niemand sah die weiße Mimi Kätt im stiebenden Schnee, sie konnte sogar ungesehen zwei Sardinen am Fischwagen stibitzen.

Die verspeiste sie hinter dem großen schwarzen Gitarrenkoffer eines bibbernden Musikers am Ende des Markts. Die Töne der eingefrorenen Gitarre klirrten wie Glassplitter in der kalten Luft, und die Mimi Kätt verzog das Gesicht. Sie verputzte die Sardinen und eilte nach Hause, ins Warme.

In der nächsten Nacht wurde es bitterbitterkalt. Die Mimi Kätt schlotterte in ihrer kleinen Wohnung unter der Decke, die ihr die liebe Frau Rosa vor vielen vielen Jahren mal gestrickt hatte. Damals war die Mimi Kätt ein kleines Kätzchen, das nur Mimi hieß. Sie ging immer über Frau Rosas Briefen und Büchern und gepressten Blumen spazieren, und Frau Rosa schimpfte nie. Nachdem die liebe Frau Rosa weg war, kam Mimi zu den Schwestern Morgenroth und dann zu Mister Leftisgutt, und der nannte sie Mimi Kätt, weil er Engländer war. Aber Frau Rosa blieb ihr die Liebste, und die Mimi Kätt versuchte nun in dieser kalten Nacht an die großen Blumensträuße zu denken, die Frau Rosa im Frühling und Sommer von ihren Spaziergängen mitbrachte, aber der Wind draußen am Landwehrkanal heulte so knatterschnatterbitterlich, dass es ihr nicht gelang.

Am Morgen schien die Sonne von einem eisig blauen Winterhimmel. Und obwohl der Hundehaufen, der nun von tausend glitzernden Eiskristallen überzogen war, immer noch unverändert vor Mimi Kätts Fenster saß, erspähte sie links und rechts von dem Haufen etwas, das sie so neugierig machte, dass sie die Kälte fast vergaß. Dort, im Landwehrkanal, lag – ein Schiff! Mitten im Winter ein Schiff! Und zwar kein weißer Ausflugsdampfer, wie sie vom Frühling bis zum Herbst vorbeituckerten, nein – es war ein rot-blauer Ozeandampfer mit einem rotweiß gestreiften Schornstein, der im scharfen Nordwind ein wenig hin- und herzuschwanken schien. Auf der Hobrechtbrücke standen Menschen – Erwachsene und Kinder, die so mit Mützen und Schals vermummt waren, dass es einen wundern konnte, wenn sie überhaupt etwas sahen, aber alle zeigten mit den Händen in dicken roten, blauen, grünen, rosa, gelben und lila Handschuhen auf das Schiff und stießen durch ihre Wollschals komische Laute aus: »'uck mah 'as 'iff!«, riefen sie, oder »'o 'ommtas 'iff 'er?«

Doch es war zu kalt, um lang zu bleiben, und nach und nach eilten die Schaulustigen zur Arbeit, in die Schule oder nach Hause.

Die Mimi Kätt kletterte die Böschung hinunter. Der Kanal war mit einer dicken Eisschicht bedeckt, die bläulich schimmerte, und mitten in dem Eis saß der Ozeandampfer mit Bullaugen und Rettungsringen, einer Reling aus dicken Eisenrohren, mit aufgewickelten Tauen und rostigen Streifen auf der Schiffswand.

Während die Mimi Kätt von der Böschung aus das große fremde Schiff betrachtete, tat sich oben auf dem Deck quiet-

schend eine Tür auf, und ein echter, ein wahrhaftiger Kapitän trat heraus. Er trug eine blaue Kapitänsmütze, die Knöpfe auf seiner Kapitänsjacke funkelten in der Sonne, und um seinen Hals hing ein mächtiges schwarzes Fernglas. Der Kapitän sah etwas verdutzt aus. Er schaute in alle Richtungen, dann hob er das Fernglas an die Augen.

Hallo«, rief die Mimi Kätt.

Der Kapitän erschrak so, dass er das Fernglas auf seinen Bauch fallen ließ. Es gab ein dumpfes Geräusch, weil der Kapitän einen leeren Bauch hatte und sehr hungrig war.

»Hallo!«, rief die Mimi Kätt noch mal und wagte sich auf das bläuliche Eis, denn sie war klug und verstand, dass der Kapitän sie, schneeweiß wie sie war, nicht sehen konnte, solange sie im Schnee auf der Böschung stand.

»Aha!«, sagte der Kapitän, als er sie auf dem Eis entdeckte. »Wo bitte sind wir hier?«

»Zwischen Friedel- und Hobrechtstraße«, sagte die Mimi Kätt. »Oder besser gesagt, zwischen dem Maybachufer und dem Paul-Lincke-Ufer.«

»Hm«, murmelte der Kapitän verwirrt. »Da ... da ... da wollten wir gar nicht hin!«

Hinter dem Kapitän kamen nun die Matrosen aus der Quietschtür. Sie trugen blauweiß geringelte Matrosenhemden mit weißen Krägen und weiße Matrosenmützen. »Ka-ka-kalt ...«, bibberten sie wie aus einem Mund. »Eieieieieiei Käptn, hier wollten wir gar nicht hin!«

»Wohin wolltet ihr denn?«, fragte die Mimi Kätt, denn weil sie so unheimlich klug war, konnte sie dem Kapitän und den Matrosen vielleicht erklären, wie sie an ihr Ziel gelangen konnten.

»Wir wollen nach A… nach A… nach …« Der Kapitän kratzte sich unter der Mütze am Kopf, dann zog er einen Zettel aus der Hosentasche und las: »A-me-ri-ka!«

»Eieieieiei Käptn«, schlotterten die Matrosen, »nach A-a-a-amerika!«

Die Mimi Kätt überlegte kurz. »Das«, sagte sie dann, »das ist überhaupt nicht hier. Das ist sehr weit weg.«

Der Kapitän kratzte sich wieder am Kopf.

»Dann haben wir uns wohl im Dunkeln verirrt«, erklärte er.

»Tja.« Die Mimi Kätt machte ein nachdenkliches Gesicht. »Was tun? Was tun?«

Über Nacht war nämlich das Eis auf dem Kanal sehr dick und fest geworden, so dick, dass es das Schiff, auf dem der Kapitän und die Matrosen am Vorabend ein bisschen eingeschlafen waren, einklemmte. Das ganze große Schiff saß fest und mit ihm der Kapitän und die Matrosen!

Der Kapitän hob noch einmal das Fernglas an die Augen und guckte in alle Richtungen.

»Kein Meer in Sicht!«, erklärte er.

Die drei Matrosen legten die Hände an die Schirme ihrer Matrosenmützen.

»Eieieieiei Käptn«, sagten sie. »Sitzen fest. Melden gehorsam: Hunger.«

In der Tat, sie mussten hungrig sein, denn Frühstückszeit war schon vorüber, und wenn die Mimi Kätt ihre Ohren sehr aufmerksam spitzte, konnte sie ein Grollen aus den Bäuchen des Kapitäns und der drei Matrosen hören. Es klang ein bisschen wie ein Fahrradanhänger, der im Sommer über die Pflastersteine der Friedelstraße rumpelte, und bei dem Gedanken wurde ihr einen Augenblick lang ganz warm, und sie meinte sogar eine Sekunde, ganz von fern den Lindenduft des Sommers zu riechen.

Der erste Matrose ließ eine Strickleiter von der Reling hinab, der zweite half dem Kapitän auf die Leiter, und der dritte machte die quietschende Tür zu.

Die Mimi Kätt winkte mit der Pfote. »Mir nach!«, rief sie, und schneeweiß wie sie war, marschierte sie voran über das bläuliche Eis. Vor den Augen der Neugierigen hinter den Fensterscheiben, am Ufer und auf den Brücken führte sie den Kapitän und die drei Matrosen über das sirrende klirrende Eis – zur Ankerklause.

Das war ein Gasthaus wie gemacht für den Kapitän und seine Matrosen! Es sah nämlich genauso aus wie ein Boot, und auf der einen Seite schaute man direkt hinunter auf den Kanal, der auch hier natürlich zugefroren war. Unter der Brücke drängten sich die Schwäne und die Grünhalsenten und die schwarzen Moorhühner, von denen man nur den weißen Fleck auf dem Schnabel erkennen konnte, aneinander und machten schlechtgelaunte Gesichter.

Der Kapitän und die Matrosen fanden es in der Ankerklause so schön, dass sie sofort fast alles bestellten, was sie auf der Speisekarte finden konnten: Spiegelei, Würstchen, Hähnchen, Linsensuppe, Kartoffeln, Nudeln, Rotkohl, Gurkensalat, Mayonnaise, Birnenkäsekuchen, Klöße und Vanilleeis.

Sie schnabulierten und schmatzten und lachten so laut dabei, dass es der Mimi Kätt Spaß machte, zuzugucken und ab und zu auch ein bisschen mitzuschnabulieren, denn der Kapitän und die Matrosen gaben ihr gerne von allem ab.

Ganz zum Schluss, als sie auch noch einen Punsch, Kaffee und heißen Kirschsaft getrunken hatten, kam der Kellner mit einer Rechnung, die war so lang wie der ganze Tisch.

»Au weia!«, sagte der Kapitän und wurde ein bisschen rot. »Ich hab die Goldstücke vergessen!«

Die drei Matrosen legten die Hände an die Mützenschirme und sagten »Eieieieieieikäptngolstückevergessn.« Wenn sie nicht vor Kälte bibberten, sprachen sie sehr schnell.

Die Mimi Kätt runzelte die Stirn und überlegte. Unheimlich klug wie sie war, hatte sie bald eine Idee.

»Dann müsst ihr singen!«, sagte sie.

Der Kapitän und die Matrosen kannten leider nur ein Lied.

»Aber es ist ein extraschönes Lied«, erklärte der Kapitän.

Sie standen auf, so dass alle in der Ankerklause sie sehen konnten. Der Kapitän legte die Hände an sein Fernglas, die Matrosen je eine Hand an die Mütze und eine an die Hosennaht, und so sangen sie ihr Lied:

Wottschellwiduwissedrankensählor
wottschellwiduwissedrankensählor
öhrlünsemoahning
öhrlünsemoahning.

Alle in der Ankerklause klatschten, als der Kapitän und die Matrosen mit dem fremdländischen Lied fertig waren, aber der Kellner schüttelte den Kopf.

»Das reicht nicht«, sagte er.

Er nahm die Rechnung und begann alles vorzulesen, was der Kapitän und die Matrosen und ein bisschen auch die Mimi Kätt verspeist hatten.

Da sprang die Mimi Kätt auf einen Tisch und rief:

»Alle mal aufpassen!«

Es wurde ganz still in der Ankerklause, obwohl inzwischen sehr viele Leute in die Ankerklause gekommen waren. Der Ozeandampfer im Landwehrkanal erregte nämlich viel Aufsehen, und es hatte sich schnell herumgesprochen, dass der Kapitän und die Matrosen in der Ankerklause speisten und lustig waren, und die echte Besatzung eines echten Ozeandampfers, die bekam man am Landwehrkanal nicht so oft zu sehen.

»Leute!«, rief die Mimi Kätt, und alle klatschten Beifall, bevor sie noch etwas gesagt hatte, denn alle waren erstaunt, dass die kleine Katze weiß wie Schnee den Kapitän und die Matrosen aus der Klemme retten wollte.

»Leute, jetzt hilft nur die Solidarität!«, rief die Mimi Kätt, und alle jubelten.

»Jawohl! Die Solafarität!«

»Bravo, es lebe die Sofaklarität!«

»Hurraaaa! Her mit der Sowiesowietät!«

»Recht hat die Mimi Kätt! Wir brauchen Solidolität!«, riefen alle durcheinander. Und die Mimi Kätt rief, so laut sie konnte: »Alle mal zuhören: Ein Lied von der Solidarität!«

Und mit ihrer kleinen Stimme, wie eine Katze weiß wie Schnee sie eben hat, stimmte sie ein Lied an, das ihr von früher wieder eingefallen war und das sie noch so ungefähr kannte:

Seht hier diese netten Knaben,
hungerten wie jedermann,
sie speisten und solln jetzt bezahlen –
doch sie sind ein bisschen klamm!

Jeder soll satt sich essen,
da hilft nur Solidarität:
Hungern wolln wir vergessen,
es gibt ja genug zu essen,
wie ihr alle seht!

Lasst die Freunde nicht verzagen,
werft eine Münze in den Hut –
es kommen auch mal andre Tage,
da tut Hilfe euch auch gut.

Jeder soll satt sich essen,
da hilft nur Solidarität:
Hungern wolln wir vergessen,
es gibt ja genug zu essen,
wie ihr alle seht!

Beim zweiten Mal sangen der Kapitän und die Matrosen mit, und beim dritten Mal schon alle in der Ankerklause, und jeder warf ein klimperndes klirrendes Stückchen Geld in die umgedrehte Mütze, mit der der dritte Matrose umherging.

Und es kam so viel zusammen, dass der Kapitän und die Matrosen nicht nur die ganze Rechnung bezahlen, sondern auch noch ein bisschen mit der Mimi Kätt feiern konnten.

Als es dunkel war, sangen der Kapitän und die Matrosen noch einmal ihr eigenes besonders schön fremdländisches Lied, dann schlitterten sie mit der Mimi Kätt übers Eis bis zu ihrem Schiff, das still und groß im zugefrorenen Kanal saß. Der Kapitän und die Matrosen schüttelten der Mimi Kätt die Pfote und bedankten sich für den schönen Tag und ihre Hilfe, und der Kapitän sagte feierlich zur Mimi Kätt: »Sag doch Käptn zu mir.«

Die Mimi Kätt nickte, sie legte aus Spaß die Pfote ans Ohr und sagte: »Eiei Käptn.«

Dann beeilte sie sich, nach Hause zu kommen, denn es war ganz schön kalt.

Und es blieb kalt.

Das Eis auf dem Kanal wurde immer dicker, und der große Ozeandampfer saß immer fester.

Die hungrigen Enten watschelten um den Bug und hofften auf Krümel. Der Käptn und die Matrosen warfen ihnen alles zu, was von ihrem Essen übrig blieb.

Aus ganz Berlin kamen Leute, um von den Brücken und vom Ufer aus das Schiff anzugucken. Sie fotografierten den Ozeandampfer, den Käptn und die Matrosen und auch die Mimi Kätt so weiß wie Schnee, jedenfalls dann, wenn man sie vor lauter Schnee sehen konnte.

Schließlich kamen sogar Reporter von der Zeitung und vom Radio, weil sie über das Schiff, den Käptn und die Matrosen berichten sollten.

Mit ihren Taschenmikrophonen kamen sie vorsichtig übers Eis gewatschelt und riefen von unten ihre neugierigen Fragen empor, denn auf die wacklige Leiter trauten sie sich nicht.

»Woher kommen Sie?«, riefen sie hinauf.

»Warum haben Sie hier angelegt?«

»Wohin wollen Sie?«

»Warum?«

»Warum?«

»Warum?«

»Warum?« Der Käptn kratzte sich ratlos am Kopf, und auch die Mimi Kätt, die ihm sonst oft unheimlich kluge Antworten zuflüsterte, konnte da nicht helfen.

»Warum warum ist die Banane krumm?«, sagte sie dem Käptn leise ins Ohr, doch der verstand sie falsch und sagte zu dem Reporter, der gerade an der Reihe war: »Warum warum sind Ihre Beine krumm?«

Da war der Reporter beleidigt, weil er gar keine krummen Beine hatte.

Aber einmal kam ein Reporter mit einem großen Bleistift hinter dem Ohr und einem sehr dicken schwarzen Notizbuch, und er stellte eine kluge Frage. Und zwar fragte er:

»Wie konnte das Schiff mit so einem großen rotweiß gestreiften Schornstein unter die Brücke passen?«

Oho, das war eine kluge Frage, über die der Käptn sich freute.

»Das«, sagte er stolz, »das liegt an unserem fa...fa...fa...«

»... fabelhaften Flapsschlot«, sagten die drei Matrosen wie

aus einem Mund, legten die Hand an die Mützen und setzten hinzu: »Eieieieieiei Käptn, fabelhafter Flapsschlot.«

»Aha, fabelhafter Flapsschlot, das ist sehr interessant!«, sagte der Reporter, zog den Bleistift hinter dem Ohr hervor und schrieb das sofort in sein dickes Notizbuch.

Wenn es dämmerte, verschwanden die Reporter und die Schaulustigen, und es wurde still. Dann freuten sich die Mimi Kätt, der Käptn und die Matrosen. Sie waren jetzt dicke Freunde und gingen abwechselnd in die Ankerklause und ins Gasthaus Übersee, das der Ankerklause gegenüberlag. Da sie jetzt alle berühmt waren, wurden sie sehr vorzüglich behandelt. Sogar wenn der Käptn mal wieder seine Goldstücke vergessen hatte, winkte der Kellner großzügig ab und sagte:

»Ach, macht nichts. Singt einfach noch mal euer schönes Lied.«

Der Käptn und die Matrosen standen auf und sangen zuerst ihr fremdländisches Lied und dann mit der Mimi Kätt das Lied von der Solidarität. So konnte bald jeder am Landwehrkanal die beiden Lieder auswendig. Die großen und kleinen Leute summten sie beim Spülen, beim Fahrradreparieren und bei den Hausaufgaben, und ihnen wurde gleich lustig und etwas kribbelig zumute.

Morgens gingen der Käptn, die Matrosen und die Mimi Kätt zum Görlitzer Park und rodelten auf den Rettungsringen, machten eine kleine Schneeballschlacht oder bauten Schneemänner. Wenn Markt am Maybachufer war, kauften sie auf dem Markt ein und kochten selbst. Die Markthändler hatten schlechte Laune, weil der Winter so früh gekommen und so sehr bitterlich war. Die Leute kauften nur schnell das Nötigste und verweilten nicht, um die Granatäpfel, Orangen, Birnen und Ananas zu betasten und zu kaufen. Doch wenn die Mimi Kätt mit dem Käptn und den Matrosen kam, hatten die Markthändler gleich gute Laune. Sie streichelten die Mimi Kätt und bewunderten ihr Fell so weiß wie Schnee und ihre unheimliche Klugheit. Sie klopften den Matrosen auf die Schulter und begrüßten den Käptn, als wären sie selbst Matrosen, indem sie sagten »Eiei Käptn!« und die Hand an die schneebedeckte Wollmütze legten. Sie verkauften ihnen die schönsten Kartoffeln, Kohlköpfe, roten Rüben und Zwiebeln, Kastanien und Äpfel und schenkten ihnen noch eine Mandarine dazu.

In der Schiffsküche war es sehr gemütlich, und sie hatten gerade genug Platz. Da standen ein Tisch und vier Stühle und ein Bullerofen, auf dem die Suppe kochen konnte. Die Mimi Kätt durfte auf einem weichen Kissen auf dem Tisch sitzen, weil sie so klein war. Sie schälten Kartoffeln und Zwiebeln und putzten Kohl, die Matrosen kochten Suppe, und die Mimi Kätt brachte ihnen Lieder bei. Zum Beispiel das rote Linsensuppenlied:

Rrroooote Suppe, freut euch Matrosen,
haltet die Löffel bereit,
heizt ihn noch etwas ein den Ofen,
zum Essen ist's nicht mehr weit!

Drohend knurren unsre Mägen unter dem Hosenbund.
Wer hier Hunger hat, muss rühren.
Brotfront, Brotfront!
Links, links, links, links,
die Zwiebeln werden gebrüht.
Links, links, links, links,
die rote Suppe gerührt.
Hier wird nicht geschummelt, hier gibt es Dampf,
und was wir kochen, das wird auch gemampft –
mit Wurst und mit Petersiliiiiii!

Vom Singen wurden der Käptn, die Matrosen und die Mimi Kätt noch hungriger, und die Suppe wurde noch besser als sonst.

Wenn die Mimi Kätt abends nach Hause ging, fühlte sie sich manchmal ein bisschen allein. Morgens freute sie sich auf den Käptn und die Matrosen, und sie achtete gar nicht darauf, dass die besonders fiesen Möpse aus der Friedelstraße inzwischen mehrere Haufen vor ihr Fenster gepflanzt hatten, die im Schnee festgefroren waren.

So kam Weihnachten. Es standen nicht mehr viele Neugierige auf den Brücken und am Ufer, denn man hatte sich an das Schiff gewöhnt, und die Reporter kamen auch nicht mehr. Die Leute hatten auch viel anderes zu tun: Sie mussten Weihnachtsbäume kaufen, Plätzchen backen und Geschenke einpacken.

Auch der Käptn, die Matrosen und die Mimi Kätt besorgten sich einen Weihnachtsbaum, Kerzen und feines Essen.

In der Ankerklause bekamen sie feierlich eine Packung rotes und eine Packung silbernes Lametta geschenkt, und im Gasthaus Übersee eine goldene Spitze mit Stern, die oben auf den Weihnachtsbaum gesteckt wurde.

An Weihnachten saßen sie alle zusammen in der Schiffsküche bei Kerzenschein, das Lametta glitzerte und funkelte, der Stern leuchtete, sie knackten Nüsse, aßen Sardinen und spielten Karten. Mimi erzählte von früher, von der lieben Frau Rosa, den Schwestern Morgenroth und dem Mister Leftisgutt, der einen langen Bart hatte und gerne Reden hielt.

Der Käptn und die Matrosen erzählten von ihren Schiffsreisen, dabei fielen sie sich gegenseitig ins Wort und redeten so wild durcheinander, dass die Mimi Kätt hinterher nie so recht wusste, was für ein Abenteuer sie denn erlebt hatten und wo sie mit ihrem Schiff gereist waren.

»Wohin wollt ihr denn in Amerika?«, fragte die Mimi Kätt auf einmal.

Da waren sie alle still, der Käptn und die Matrosen auch.

»In den Süden«, sagte schließlich der erste Matrose.

»Ja, klar, in den Süden!«, sagte der zweite Matrose.

»In den Süden, in den Süden!«, rief der dritte Matrose.

»Jawohl«, erklärte der Käptn. »Wir fahren nach Südamerika.«

Und dann riefen sie wieder alle durcheinander, dass sie von Eis und Schnee genug hatten und nach Südamerika wollten, denn dort schien die Sonne und die Kokosnüsse kollerten und bollerten nur so von den Bäumen.

»Dann ist ja gut«, sagte die Mimi Kätt.

Eines Nachmittags nach Weihnachten saßen sie im Dämmerlicht zusammen, und draußen fiel wieder Schnee. Sie teilten sich die letzten Lebkuchen, spielten Karten und sangen ab und zu ein Lied.

Auf einmal räusperte sich der Käptn und machte ein wichtiges Gesicht.

»Mi...mi...mi...«, begann er und kratzte sich am Kopf.

Die Mimi Kätt stellte die Ohren ganz spitz und grade auf. Es kribbelte ihr im Bauch, und sie wusste nicht warum.

»Mimi Kätt, wir wollten ...«, sagte der erste Matrose.

»Du, Mimi Kätt, wir wollten dich fragen, ob ... ob ... ob ...«, sagte der zweite Matrose.

»... du mit uns nach Amerika kommst!«, sagte der dritte Matrose.

»Jawohl!«, schloss der Käptn. »Mimi Kätt, komm mit uns nach A-a-aamerika!«

Schneeweiß wie sie war, konnte die Mimi Kätt nicht rot werden, aber ihr wurde irgendwie warm und komisch zumute, und im Bauch kribbelte es nicht nur, es brodelte richtig.

»Vielleicht«, sagte die Mimi Kätt leise.

Sie konnte sich vor Aufregung gar nicht mehr aufs Kartenspielen konzentrieren und verschluckte sich sogar an einer Nuss, so dass der Käptn und die Matrosen ihr auf den Rücken klopfen mussten.

Die Mimi Kätt verabschiedete sich früher als sonst, weil sie so aufgeregt war und nachdenken wollte.

Richtig nachdenken konnte sie nur, wenn sie allein war.

Es dämmerte und war sehr still, außer wenn gerade ein Böller loskrachte. Es war ein Tag vor Silvester. Manchen juckten schon die Finger, und sie konnten es nicht lassen, probeweise ein paar Kracher losgehen zu lassen. Bei jedem

Knall hüpfte die Mimi Kätt vor Schrecken in die Luft, und es dauerte ziemlich lange, bis sie zu Hause ankam.

Die ganze Nacht saß sie am Fenster und dachte nach: ›Amerika! SÜD-Amerika! Fort aus Berlin, wo sie ihr ganzes Leben gelebt hatte! Kein Landwehrkanal mehr! Das Meer!‹

Sie dachte an die liebe Frau Rosa, die ihr außer der warmen Decke ein Bild von einer gepressten roten Blume hinterlassen hatte, an die Schwestern Morgenroth, die ihr das weiche Kissen gestickt hatten, auf dem sie lag, und an Mister Leftisgutt, von dem sie den karierten Schal bekommen hatte, auf dem sie schlief.

›Das kann ich ja alles mitnehmen!‹, dachte sie, und gleich wurde ihr wieder so abenteuerkribblig, dass sie die Pfötchen nicht stillhalten konnte.

»Gut«, sagte sie zum Käptn und zu den Matrosen, als sie am nächsten Tag aufs Schiff kam. »Ich komme mit!«

»Hu...hu...hu...«, begann der Kapitän.

»Hurrahurrahurra!«, riefen der erste, der zweite und der dritte Matrose wie aus einem Mund.

Sie fassten sich an den Händen und sangen:

Die Mimi Kätt hurra, die kluge Katze,
die Mimi Kätt hurra, auf weißen Tatzen.
Die Mimi Kätt hurra, wird mit uns fahren,
Die Mimi Kätt hurra, die kommt jetzt mit!
Die Mimi Kätt, ja – die kommt jetzt mit,
die Mimi Kätt, ja – die kommt jetzt mit.

Weil Silvester war, blieb die Mimi Kätt auf dem Schiff bis in die tiefe Nacht. Um Mitternacht kletterten sie alle aufs Dach der Steuerkabine, hielten sich am fabelhaften Flapsschlot fest und sahen sich das große Berliner Silvesterfeuerwerk an.

Auf den Brücken und am Ufer drängten sich die Menschen, schossen bunte Raketen in die Luft und warfen Kracher. »Guten Rutsch!«, riefen sich alle zu, »Frohes neues Jahr!«, »Mutlujillar!« und »Häppinjujihr!«

Die Feuerwerke malten richtige Bilder an den dunklen Himmel, und wenn es besonders schön war, riefen alle »Aaaaaaah!«, bis der nächste Böller krachte und man sein eigenes Aaah! und Oooh! nicht mehr hören konnte.

Der Käptn, die Matrosen und die Mimi Kätt wussten nicht, wohin sie sich wenden sollten, um all die bunten Feuerwerke zu sehen, von der Kottbusser Brücke am Kanal entlang bis weit hinten über Treptow. Überall funkelte es in unzähligen Farben.

Bei jeder bunten Funkenfontäne, die am Himmel aufleuchtete, dachte die Mimi Kätt: ›Nein, hier ist es so schön, ich kann nicht wegfahren!‹ und bei jedem Böllerkracher dachte sie: ›Doch, doch, weg von diesem Böllergekrache, nichts wie weg, nach SÜD-Amerika!‹

So wankte die Mimi Kätt und schwankte. ›Was tun? Was tun?‹, dachte sie immerzu, doch so unheimlich klug sie auch war, sie wurde weder neinfroh noch jafroh. Und schließlich geriet der fabelhafte Flapsschlot von ihrem Bleibenwollen und Wegfahrenwollen so ins Wackeln, dass der Käptn und die Matrosen um ein Haar vom Dach der Steuerkabine gefallen wären.

Als wieder Stille und Dunkelheit einkehrten, spürten sie plötzlich, dass ein Wind aufgekommen war.

»Sü... Sü... Sü...«, begann der Käptn.

»Südwind«, sagten die Matrosen wie aus einem Mund, nachdem sie am Zeigefinger geleckt und ihn in die Luft gehalten hatten. »Eieieieieiei Käptn, melden: Südwind!«

»Jawohl«, erklärte der Käptn. »Ich rieche Südwind! Jetzt kommt das Tauwetter!«

Und tatsächlich – der Käptn sollte recht behalten!

Am Neujahrstag begann der Schnee von den Dächern und Bäumen zu tropfen. Es dauerte nicht lange, und der Schnee

an den Straßenrändern und auf den Gehwegen wurde braun und matschig. Sogar die Vögel begannen ganz zaghaft und vorsichtig zu singen! Ab und zu krachte eine Schneelawine vom Dach, oder ein riesiger Eiszapfen löste sich von einer Dachrinne oder einem Balkon und zersprang klirrend auf dem Boden. Bei jedem Schritt der Passanten, bei jedem Fahrrad, das vorbeifuhr, spritzte das graue Schmelzwasser auf, und das Fenster der Mimi Kätt war bald so schmutzig, dass sie kaum noch etwas sehen konnte. Das tat ihr nun ausnahmsweise nicht besonders leid, denn während der Schnee schmolz und verschwand, wurden die Hundehaufen und die Hülsen der Feuerwerkskörper und Kracher immer sichtbarer. Das Schneewasser gurgelte in den Rinnsteinen, und Konfetti, Luftschlangen und Lamettafetzchen trudelten in den bräunlichen Bächen. Ausgediente Weihnachtsbäume

mit Spuren von Kerzenwachs und Engelshaar türmten sich längs der Straße. Am Stadtrand warfen die Hausmeister die Decken von sich und sprangen auf. Sie nahmen ihre Köfferchen und heimlich kamen sie mit der allerersten oder der allerletzten S-Bahn des Tages zurück in die Stadt, und als am 3. Januar die Sonne schien, standen die Hausmeister in ihren Kitteln und Hausmeistermützen vor den Haustoren, als seien sie niemals weg gewesen, und blinzelten ins helle Licht.

Der Käptn und die Matrosen wurden ganz aufgeregt, ständig trieben sie sich an Deck herum und beugten sich über die Reling, um auf das Brechen des Eises zu horchen.

Die Mimi Kätt war natürlich auch sehr aufgeregt. Eine große Reise stand ihr bevor und ein großer großer Abschied von ihrer kleinen Wohnung, vom Landwehrkanal, vom Maybachufer und sogar von dem zurückgekehrten Hausmeister. Der rief immer ganz freundlich »Kitzi-kitzi-katzi«, wenn er sie sah. Er mochte Katzen gern, lieber als Hunde, deren Haufen vor dem Haus er immer wegräumen musste. Aber er konnte sich einfach nicht merken, dass die Mimi Kätt, weiß wie Schnee und unheimlich klug, eben Mimi Kätt hieß und nicht Kitzi-kitzi-katzi, wie jede beliebige Straßenkatze.

Schließlich war es die Mimi Kätt, die als Erste hörte, wie das Eis zersprang. Es war in der Nacht, als sie einen kleinen Mondscheinspaziergang am Kanal machte. Zuerst hörte sie ein Sirren, dann einen dunklen Ton, so ein *Plongggg*, das sich anhörte wie eine gerissene Gitarrensaite. Und dann ein langes Knirschen.

Am nächsten Morgen im Sonnenschein sah sie unzählige Sprünge im Eis, aus denen Wasser quoll. Und das Schiff schien tatsächlich schon ein bisschen zu schaukeln. Der Käptn und die Matrosen jubelten. Das Maybachufer, der Landwehrkanal, die Ankerklause und das Gasthaus Übersee und auch der Görlitzer Park gefielen ihnen zwar überaus gut, doch sie waren zur Seefahrt geboren. Sie bekamen ganz juckige und kribblige Füße, wenn sie zu lange so nah am Land lebten. Deshalb waren sie sehr glücklich, als sie das leise Schaukeln unter ihren Fußsohlen spürten und hörten, wie das Wasser begann, sanft an den Bug zu klatschen.

Am Mittag musste die Mimi Kätt schon vorsichtig von Eisscholle zu Eisscholle springen, um zum Schiff zu kommen, und um ein Haar wäre sie ins kalte Wasser gefallen.

Wie merkwürdig war es, auf dem schaukelnden Schiff zu stehen!

Die Mimi Kätt bekam ein etwas flaues Gefühl im Bauch. Sie musste sich mit den Pfoten an die Reling klammern und ganz fest aufs Maybachufer gucken, wo sie das Fenster ihrer kleinen Wohnung genau erkennen konnte, bis ihr die Augen ein bisschen tränten. Rings um das Schiff hüpften die Grünschnabelenten ausgelassen von einer Eisscholle zur anderen und ließen sich ein kleines Stück weit treiben.

Am Abend ruderten der Käptn und die Matrosen mit der Mimi Kätt in einem Rettungsboot an Land und machten einen Abschiedsbesuch in der Ankerklause. Sie erzählten von der großen Reise, auf die sie gehen wollten, die Gäste klatschten in die Hände und freuten sich mit ihnen. Neidisch waren sie aber nicht, denn die Gäste der Ankerklause lieben das Maybachufer, die Kottbusser Brücke, den Kanal und die Ankerklause mehr als alles andere. Doch alle waren traurig, dass die Mimi Kätt mit dem Käptn und den Matrosen fortreisen würde.

Zum Abschied sangen der Käptn und die Matrosen noch mal ihr besonders schönes fremdländisches Lied, dann sangen sie alle zusammen das Lied von der Solidarität und schließlich noch ein Lied für die Mimi Kätt:

Morgen frühüh
geht's auf die Reise
Bellatschau Bellatschau Bellatschautschautschau!
Dann wirst du fahren
weit in die Fremde
und zurück bleibt der Landwehrkanaaal!

Morgen frühüh
geht's auf die Reise
Bellatschau, Bellatschau, Bellatschau!

Die Mimi Kätt fühlte, wie ihr die Tränen in die Augen stiegen, denn so schön hatte noch nie jemand für sie gesungen.

Auch im Gasthaus Übersee gab es noch einen Abschied, der dem Käptn, den Matrosen und der Mimi Kätt sehr zu Herzen ging, so dass sie fast ein bisschen neidisch auf die Leute waren, die hierbleiben würden. Die Mimi Kätt wurde vor lauter Abschiednehmen schweigsam, und in ihrem Bauch kribbelte und krabbelte es, als hätte sie ganz viele Schmetterlinge verschluckt, dabei war es doch eigentlich noch Winter, und sogar Schneehaufen lagen noch herum, und die Schmetterlinge schliefen noch fest in ihren Kokons.

An diesem Abend packte die Mimi Kätt ihren kleinen kleinen Katzenkoffer. Sie legte das Blumenbild von der lieben Frau Rosa hinein, das Kissen von den Schwestern Morgenroth, den karierten Schal von Mister Leftisgutt und obendrauf ihre warme Decke, die Frau Rosa ihr gestrickt hatte. Ihr Köfferchen war jetzt so voll, dass sie sich auf den Deckel setzen musste, damit die Schlösser einschnappten. Als der Morgen dämmerte, zog sie die Tür hinter sich zu und ging die Böschung hinunter zum Kanal, wo das Rettungsboot schon auf sie wartete.

Vom Eis waren nur noch kleine Eisstücke übrig, die auf dem Wasser schwammen und ab und zu mit einem leisen *Plingg!* an die Schiffswand stießen. Die Grünhalsenten und auch die Moorhühner kabbelten sich um die letzten Stücke, die groß genug waren, um darauf zu stehen und ein Stück weit zu treiben, denn das war ein allgemeines Lieblingsspiel.

Als die Sonne aufging, setzte sich der große Ozeandampfer mit einem langen tiefen schmalzenden Seufzer in Bewegung. Er hatte so lange dort im Kanal festgesessen, dass er ganz faul und steif geworden war. Alle kleinen und großen Leute, die zur Arbeit und in die Schule und zum Frühstück in die Ankerklause unterwegs waren, sahen zu, wie das Schiff langsam, ganz langsam den Kanal hinabglitt, wie tatsächlich der fabelhafte Flapsschlot unter der Brücke einknickte und gleich hinter der Brücke mit einem schmatzenden *Flaps* wieder hochschnellte.

Die Matrosen eilten geschäftig auf Deck umher und machten sich an den Tauen und den Rettungsringen zu schaffen und schrubbten den Boden des Schiffsdecks, der dringend geputzt werden musste. Der Käptn stand am Steuer und hob ab und zu das Fernglas an die Augen, um zu prüfen, ob man schon das Meer sehen konnte.

Die Mimi Kätt saß ein bisschen allein mit ihrem kleinen Koffer vorne am Bug und schaute zu, wie das Ufer vorbeiglitt. Ihr wurde ein wenig komisch im Bauch, als sie das Stück Wiese sah, wo sie vor langer Zeit manchmal mit den Schwestern Morgenroth im ersten Frühlingssonnenschein gesessen hatte. Die Menschen am Ufer winkten und schwenkten die Mützen, denn es war ja fast warm, und sie vergaßen ganz, zur Arbeit oder in die Schule oder sogar zum Frühstück in die Ankerklause zu gehen, denn das Abschiednehmen von dem großen Schiff war viel schöner und aufregender.

Vögel flatterten zwischen den Bäumen am Ufer umher und tschilpten laut, und dort – ja, dort glänzte schon die Spree hinter der Schleuse, und tatsächlich – dort kreisten zwei weiße Möwen!

Die Mimi Kätt dachte an die liebe Frau Rosa und auch den Mister Leftisgutt, der stets so gut zu ihr gewesen war, und sie hob die Pfote, um dem Landwehrkanal zum Abschied zu winken, doch zuerst musste sie schlucken und sich eine kleine Träne vom Fahrtwind aus dem Auge wischen und dann noch eine. Die Leute am Ufer dachten, sie winke ihnen.

»Auf Wiedersehen, kleine Mimi Kätt!«, riefen sie, »auf Wiedersehen! Pass auf dich auf in der Ferne!«

›Ja, ja‹, dachte die unheimlich kluge Mimi Kätt, ›ihr braucht mir keine Ratschläge zu geben, das hab ich jetzt wirklich nicht nötig!‹, und sie musste sich wieder so eine Träne wegwischen, und vor lauter Wischen verschwamm ihr alles vor den Augen, und sie hörte, wie sich die Schleuse ächzend öffnete, wie das Wasser um das Schiff gluckste und schwapste, wie die Matrosen die Taue rollten und die Rettungsboote festzurrten und die Deckplanken schrubbten – und plötzlich merkte die Mimi Kätt, dass die Seefahrt nichts für sie war. Kurzentschlossen packte sie ihren kleinen Koffer und sprang wie sie noch nie gesprungen war – und landete auf festem Boden.

Und weil alle Leute mit ihren weißen Taschentüchern zum Abschied winkten und es überall weiß wie Schnee flatterte und knatterte, merkte niemand, wie die schneeweiße Mimi Kätt in hohem Boden vom Bug aufs Ufer sprang. Nicht einmal dem Käptn und den Matrosen fiel es auf, weil sie so vom Schifffahrtsreisefieber ergriffen waren und sich bei ihrem Aufbruch zur großen Seefahrt ganz besonders matrosenhaft und käptnhaft zeigen wollten.

So winkte die Mimi Kätt einmal kurz und leise zwischen den Beinen der vielen Leute am Ufer und machte sich ganz

still auf den Weg nach Hause, zu ihrer kleinen Wohnung. Als sie dort ankam, war sie ziemlich erschöpft, denn es war ein weiter Weg von der Schleuse an der Spree bis zum Maybachufer, doch sie war froh und erleichtert, als sie die Tür hinter sich schloss und wieder in ihrem Zimmerchen so ungefähr zwischen Keller und Erdgeschoss stand. Sie packte schnell ihren kleinen Koffer aus, hängte das Bild von der lieben Frau Rosa wieder an den Nagel in der Wand, legte das Kissen der Schwestern Morgenroth auf die Fensterbank, breitete den karierten Schal von Mister Leftisgutt in einem warmen Winkel aus, schlüpfte unter die weiche Decke und rollte sich zusammen. Ganz schnell schlief sie ein und schlief und schlief und schlief, weil die große Aufregung sie so müde gemacht hatte.

Und als die Mimi Kätt aufwachte und aus dem Fenster schaute, sah sie, dass Schnee fiel – so weich und weiß wie Anfang Dezember. Nach und nach bedeckte der neue Schnee die Hundehaufen, die Hülsen der Kracher und Feuerwerkskörper und die ausgedienten Tannenbäume, bis schließlich nur noch weiche kleine Hügel den Straßenrand säumten.

Die Hausmeister machten ein langes Gesicht, und die Mimi Kätt räkelte und sträkelte sich, setzte sich ans Fenster und putzte sich sehr gründlich. Sie schaute hinaus auf die Grasbüschel, die beschneite Seite der Bäume und Büsche und auf den Landwehrkanal, der langsam langsam wieder zufror.

An diesem Abend saß die Mimi Kätt sehr gemütlich bei sich allein zu Hause und dachte sich ein nagelneues Liedchen aus, und das ging so:

Die Mimi Kätt so weiß wie Schnee,
ja, wie Schnee,
die bleibt doch lieber an der Spree,
ja, der Spree,
denn nur die Spree,
ja, die Spree,
reimt sich auf Schnee,
ja, auf Schnee.

DIE LIEDER UND IHRE MELODIEN

Richtig schön wird es natürlich erst, wenn man die Lieder auch alle singt. Dazu kann man:
erstens sich eine Melodie ausdenken
oder
zweitens sie nach den Melodien folgender Lieder singen:

»Hier sitz ich ganz alleine« zur Melodie von *Madrid du wunderbare*, das ist ein spanisches Lied, das auf Spanisch heißt: *Los cuatro Generales*

»Wottschellwiduwissedrankensählor« zur Melodie des englischen Matrosenliedes: *What Shall We Do with the Drunken Sailor*

»Seht hier diese netten Knaben« zur Melodie des alten Arbeiterliedes *Solidaritätslied*

»Rrrrote Suppe« zur Melodie des alten Arbeiterliedes *Roter Wedding*

»Die Mimi Kätt hurra« zur Melodie des alten italienischen Arbeiterliedes *Bandiera rossa*

»Morgen frühüh geht's auf die Reise« zur Melodie des alten italienischen Partisanenliedes *Bella Ciao*

»Die Mimi Kätt so weiß wie Schnee« – hierzu kann sich jeder eine Melodie selbst ausdenken.

Für Paul und Caspar *E.K.*

Esther Kinsky wurde 1956 in Engelskirchen geboren und wuchs im Rheinland auf. Neben Kinderbüchern schreibt sie Lyrik, Essays und Erzählprosa, außerdem übersetzt sie aus dem Polnischen, Russischen und Englischen. Für ihr umfangreiches Werk wurde sie mit zahlreichen namhaften Preisen ausgezeichnet, zuletzt mit dem W.-G.-Sebald-Literaturpreis (2020) und dem Kleist-Preis (2022).

Gerda Raidt, geb. 1975 in Berlin, studierte freie Grafik an der Burg Giebichenstein in Halle, später Illustration an der HGB Leipzig bei Volker Pfüller, bei dem sie anschließend auch ein Meisterschülerstudium absolvierte. Seit 2004 arbeitet sie als freie Illustratorin.

Erste Auflage 2022. © Insel Verlag Anton Kippenberg GmbH & Co. KG, Berlin, 2022. Für die Illustrationen: © Gerda Raidt. Alle Rechte vorbehalten. Wir behalten uns auch eine Nutzung des Werks für Text und Data Mining im Sinne von § 44b UrhG vor. Bezugspapier: Gerda Raidt vermittelt durch die Agentur Susanne Koppe, Hamburg, www.auserlesen-ausgezeichnet.de. Gesetzt in der Schrift Miller Text. Gedruckt auf holzfreies, alterungsbeständiges mattgestrichenes Papier, von der Memminger MedienCentrum AG, Memmingen. Gebunden in Fadenheftung von der Josef Spinner Großbuchbinderei GmbH, Ottersweier. Dieses Buch wurde klimaneutral produziert: climatepartner.com/14438-2110-1001. Printed in Germany.
ISBN 978-3-458-20050-5. www.insel-verlag.de